THE SHORES OF THE AGES

LAS ORILLAS DE LAS EDADES

ECCIO CASASANTA

authorHOUSE

AuthorHouse™ UK
1663 Liberty Drive
Bloomington, IN 47403 USA
www.authorhouse.co.uk
Phone: UK TFN: 0800 0148641 (Toll Free inside the UK)
UK Local: (02) 0369 56322 (+44 20 3695 6322 from outside the UK)

© 2022 Eccio Casasanta. All rights reserved.

Cover and illustrations by Ernest Dupuy.

No part of this book may be reproduced, stored in a retrieval system, or transmitted by any means without the written permission of the author.

Published by AuthorHouse   10/18/2022

ISBN: 978-1-7283-7583-0 (sc)
ISBN: 978-1-7283-7586-1 (e)

Print information available on the last page.

Any people depicted in stock imagery provided by Getty Images are models, and such images are being used for illustrative purposes only.
Certain stock imagery © Getty Images.

This book is printed on acid-free paper.

Because of the dynamic nature of the Internet, any web addresses or links contained in this book may have changed since publication and may no longer be valid. The views expressed in this work are solely those of the author and do not necessarily reflect the views of the publisher, and the publisher hereby disclaims any responsibility for them.

CONTENTS

INDIGENT SERAPHIM 10
MELTED IN YOUR EYES 14
GOODBYE CONSUMED 16
THE LAND OF YOUR CHANNELS 18
CLANDESTINE GLANCES 22
YOU IN EVERY WORD 24
DESPAIR 28
FALLEN IN MEMORIES 30
THE HANDS THRUMB 34
IRONY 36
WHAT WILL BE OF US 40
WITHOUT YOU 44
BEYOND THE ENCOUNTER 48
THEY GO IN LOVE 50
APPOINTMENT WITH LOVE 54
LIFE 58
TOGETHER IN EVERY CHAIR 60
NIGHT THAT IS COVERED IN INNOCENCE 62
TOLERANT SOLITUDE 64
BALCONY OF YOUR KISSES 66
A COFFEE NEXT TO MY SOUL 68
WHILE I REMEMBER YOU MORE 70
TELL ME WITHOUT MY KNOWING 72
SILENT INSPIRATION 76
BECAUSE THEY CHANGED THEIR HANDS 78
WHEN THE SPELL DIES 80
COVERED 84
MY HEART BELONGS TO YOU 86
TIRED IN REST 88
THE WITHERED RIVER 92

FAREWELL	94
CLUSTER OF LOOKS	96
WHISPERS THAT MOVE AWAY	98
RESTLESS SEDUCTION	100
ENEMY OF TIME	102
IRREVERSIBLE HEART	106
CHAINED VOICES	110
SONNET	114
SOUNDS OF MUD	116
ALL MY SPACE	118
WATER NECKLACES	120
THE LONELINESS OF LOVE	124
FEELINGS RELEASED	126
I WILL LOVE YOU WITHOUT MEMORIES	130
UNSTOPPABLE SIGHS WE	134
BECAUSE I LOVE YOU ?	138

CONTENIDO

SERAFINES INDIGENTES 12
DERRETIDO EN TUS OJOS 15
ADIÓS CONSUMADO 17
LA TIERRA DE TUS CAUCES 20
MIRADAS CLANDESTINAS 23
TU EN CADA PALABRA 26
DESESPERO 29
CAÍDO EN LOS RECUERDOS 32
PALPITAN LAS MANOS 35
IRONÍA 38
QUE SERA DE NOSOTROS 42
SIN TI 46
MÁS ALLÁ DEL ENCUENTRO 49
VAN ENAMORADOS 52
CITA CON EL AMOR... 56
VIDA.. 59
JUNTOS EN CADA SILLA 61
NOCHE QUE SE CUBRE DE INOCENCIA.................................. 63
TOLERANTE SOLEDAD 65
BALCÓN DE TUS BESOS 67
UN CAFÉ JUNTO A MI ALMA 69
MIENTRAS MAS TE RECUERDO... 71
DIMELO SIN QUE LO SEPA 74
INSPIRACIÓN CALLADA..77
PORQUE CAMBIARON SUS MANOS 79
CUANDO MUERE EL HECHIZO 82
ARROPADOS... 85
MI CORAZÓN TE PERTENECE 87
CANSADO EN EL REPOSO 90
EL RÍO MARCHITO... 93

DESPEDIDA	95
RACIMOS DE MIRADAS	97
SUSURROS QUE ALEJAN	99
INQUIETA SEDUCCIÓN	101
MAGIA DESNUDA	105
IRREVERSIBLE CORAZÓN	108
VOCES ENCADENADAS	112
SONETO	115
SONIDOS DE BARRO	117
TODO MI ESPACIO	119
COLLARES DE AGUA	122
LA SOLEDAD DEL AMOR	125
SENTIMIENTOS LIBERADOS	128
TE AMARÉ SIN RECUERDOS	132
INDETENIBLES SUSPIROS	136
PORQUE TE QUIERO ?	139

INDIGENT SERAPHIM

I met people, they swam in virgin foams they sailed without colors, painting closed words with similes and desperation., deep stanzas without sounds intoxicated solitudes with dyslexic looks, shadows, storms, wounded knees without placid borders,
alchemical masks.

Sitting in the offense of their natural fears,
renouncing the transparent agony
that perfumes their reproaches,
on their autumn feet
Fight with their upright freedom,
spilled into their own kingdoms.

Extinct martyr plumages,
bandit superstition in a mud suit
as a rebellious merchant,
lugubrious shrouds travel without fabric or harmony ignored by swamps sown with disoriented spirits, authoritarian with sterile compassion,bnaive terror, nostalgia hanging aimlessly.

Severe eves of vapors and spears,
remorse sings, sighs dry up in my condemnation, memories without light hanging from trees without a village,
battles of men without God,
lying hopes, feigned mercy, lives spent!

Sometimes he feels like a fickle brother
and others like a contrast of nuances
that twist between deaf hands,
sometimes a toy without a street,
The morning winds perfume my fears.

First of all, with blood diluted in memories,
soil without wheat, life climbing motionless
crimes away, patient, serene in mistrust, perishing and living
among colonizers of ideas.!

They call me the worn looks,
lips sweeping eyes without smiles
so much silence in revenge without a party.

With worlds without titles,
windless leaves enter
and converse with me
in the urban bedroom, extending with me
the scarcity of those who die
crumbling on the elitist wings,
eyeless suburbs,
pale night, passing silence.!

Even if I wanted to, I couldn't melt
on dull faces, without smiles or triumphs,
but stubborn like races that meet forever.

SERAFINES INDIGENTES

Conocí gente, nadaban en espumas vírgenes
navegaban sin colores, pintando palabras cerradas con simil y desesperación.,
hondas estrofas sin sonidos embriagaban soledades con miradas disléxicas,
sombras, borrascas, rodillas heridas sin fronteras plácidas,
máscaras alquimistas.

Sentados en la ofensa de sus naturales miedos, renunciando a las agonía
transparente que perfuman sus reproches,
siento como en sus pies de otoño
suelos combaten, con su libertad erguida, derramada en sus propios reinos.

Plumajes mártires extintos.,
superstición bandida con traje de barro
como mercader sublevado, transitan
lúgubres sudarios sin tela ni armonía
ignorados por pantanos sembrados
con espíritus desorientados,
autoritarios con compasión estéril, ingenuo terror, nostalgia colgando sin rumbo.

Severas vísperas de vapores y lanzas,
los remordimientos cantan,
suspiros se secan en mi condena
recuerdos sin luz colgados de árboles sin aldea batallas de hombres sin Dios,
mentirosas esperanzas,
piedad fingida, vidas gastadas!

A veces se siente como hermano voluble
y otras como contraste de matices
que se retuercen entre manos
sordas, a veces juguete sin calle,
los vientos matutinos perfuman mis miedos.

Ante todo, con la sangre diluida en los recuerdos, suelo sin trigo, vida trepando
inmóviles crímenes de distancia, paciente,
sereno en la desconfianza, pereciendo y viviendo entre colonizadores de ideas.!

Me llaman las gastadas miradas,
labios arrasando ojos sin sonrisas
tanto silencio en una venganza sin fiesta.

Con mundos sin títulos,
entran hojas sin viento
y conversan junto a mi
en la alcoba urbana, extendiendo conmigo
la escasez de los que mueren
desmoronados sobre las alas elitistas,
suburbios sin ojos,
noche pálida, silencio pasajero.!

Aunque quisiera no podría derretirme
sobre rostros apagados,
sin sonrisas ni triunfos,
pero tercos como razas

que se encuentran para siempre.

MELTED IN YOUR EYES

Displaced sleepy suffering,
without tears, paused in your diamonds,
eyes without storms, beach of cool mornings where half-day mirrors pass,
exhausted blinking
in the constellation of your arms!

We live and die with each awakening,
the two of us one and the other,
between melancholy and melodies,
endless kisses, bodies,
tireless gazes in infinite voices.

Frozen freshness in your eyes,
I love you just as the bird loves its trill
spill music with each note of your steps,
I love you like the smiles that never leave you, rainbow branches, insatiable sunrises,
vanished in the drunkenness
of the sleepy days that shake
the garden of your pupils
stretched out like in a fairy tale!

Between a world and a ring
we enter the bridge
that blooms between pillows and perfumes
reflections, beginning and end,
trembling in the inexhaustible
harmony of love,
transparent, lost, found,
poetry that surprises and strips
every immortal word
of the muses and our souls!

DERRETIDO EN TUS OJOS

Desplazado sufrimiento adormecido,
sin lágrimas, hizo pausa en tus diamantes,
ojos sin tempestades, playa de frescas mañanas por donde pasan espejos de
medios días., extenuado parpadeo en la constelación de tus brazos!

Vivimos y morimos con cada despertar,
los dos el uno y el otro.,
entre melancolías y melodías,
besos interminables, cuerpos,
incansables miradas en infinitas voces.

Frescura detenida en tus ojos,
te quiero igual que el pájaro ama su trinar
derramas música con cada nota de tus pasos
te quiero como las sonrisas que no te dejan jamás, ramas de arcoiris, amaneceres
insaciables, desvanecidos en la ebriedad
de los dormidos días que sacuden
el jardín de tus pupilas
tendidas como en un cuento de hadas!

Entre un mundo y un anillo
entramos al puente
que florece entre almohadas y perfumes
reflejos, principio y fin.,
temblorosos en la inagotable
armonía del amor,
transparentes, perdidos, encontrados,
poesía que sorprende y desnuda
cada inmortal palabra de las musas y nuestras almas!

GOODBYE CONSUMED

Crying genesis in the firmament
the stars separate in the universe
comets rotate,
wrinkles and voices float losses,
cosmic hives,
infinity dances with them,
nameless hair.

Alone in space.,
the green footsteps dissolve
and an impatient hand
tears sips of kisses
I am nobody without the air of your steps

Goodbye I say to myself,
the farewell sinks
in the loose vapor of your dilated pupils.,
crying does not separate the grave from love,
because I do not die, nor do I suffer,
it is only the absence of oblivion.

ADIÓS CONSUMADO

Llorando génesis en el firmamento
se separan las estrellas en el universo
giran cometas,
arrugas y voces flotan pérdidas,
colmenas cósmicas,
el infinito baila con ellas,
cabellera sin nombre.

Solos en el espacio.,
se deshacen las pisadas verdes
y una mano impaciente
desgarra sorbos de beso
soy nadie sin el aire de tus pasos

Adiós me digo a mi mismo,
la despedida se hunde
en el vapor suelto de tus pupilas dilatadas.,
llanto que no separa la tumba del amor,
pues no muero, ni sufro,
solo es la ausencia del olvido.

THE LAND OF YOUR CHANNELS

I shed my skin,
I am fruit, fire, bitten passion,
humidity of your anchored body,
longed-for spell of my destiny,
you capture my steps through the infinite journey,
distant from your charm asleep in my essence.

Fugitive,
on the edge of your white silks,
my mouth dries up in the land of your channels,
I am your soul,
you are a source where tongues
flow furiously,
starting blind roars
drinking your presence,
disturbed, sudden in your madness.

I struggle to light
the bonfire of your dress,
agitated traces,
sighs incite the bodies,
twins in the freshness of the spells
that inhabit the ajar of silent legs.

We throb five hundred times,
nesting moans, joys,
deep thrones in the instincts of love,
shouting your name,
mine owns your entrails.

Deep land with crystal waves,
your reflections slipped climbing harmonies,
spread with sparks
and transparent immensity
we dilate our dark circles,
with pale, deep cheeks,
listening to the cosmos
hidden under your waves!

LA TIERRA DE TUS CAUCES

Derramo mi piel,
soy fruta, fuego, pasión mordida,
humedad de tu cuerpo anclado,
ansiado embrujo de mi destino,
capturas mis pasos por el viaje infinito,
distante de tu encanto dormido en mi esencia.

Prófugo,
al borde de tus blancas sedas,
mi boca se reseca en la tierra de tus cauces,
soy tu alma,
eres fuente donde las lenguas
fluyen furiosas,
arrancando rugidos ciegos
bebiendo tu presencia,
turbado, repentino en tu locura.

Batallo para encender
la hoguera de tu vestido,
agitados rastros,
suspiros incitan a los cuerpos,
gemelos en la frescura de los hechizos
que habitan en el entreabrir de piernas silentes.

Palpitamos quinientas veces,
anidando gemidos, gozos,
tronos profundos en los instintos enamorados,
gritando tu nombre,
el mio es dueño de tus entrañas.

Tierra profunda con oleaje de cristal,
deslizó tus reflejos escalando armonías,
repartidas con chispas
y transparente inmensidad
dilatamos nuestras ojeras,
con mejillas pálidas,
profundas, escuchando el cosmos
escondido bajo tus olas!

CLANDESTINE GLANCES

Looks uncertain, underground passageways
linked to the world, we are convalescents of love
sounding mute gestures,
with tenderness that rises
shaking unstoppable prayers.

Slippery dimension,
like cloudy water, that sees us
from the bones of your island, simulating faceless Edens,
castrated hopes of your hair,
hitting the air of your chest,
my temporary madness looks at you from the closets
that keep smiles,
tomorrows piled on your lips

We are snakes and angels,
on bell towers that usurp the labyrinths
of my breaths, lying down, endless pores,
survive sweating love,
avoiding disappointments, distilling passion
with the aroma of fear.

Committed our eyes,
with the pulse of my hidden dark circles,
take me in the time of your arms
make me dream to meet you when I wake up.

Brave, silent, loving
living nowhere,
I stop at your delay
waking up locked between your perfumed face

MIRADAS CLANDESTINAS

Pasadizos inciertos, subterráneos
unidos al mundo, somos convalecientes de amor
sonando gestos mudos,
con ternuras que se levantan
estrechando plegarias indetenibles.

Dimensión resbaladiza,
como agua turbia, que nos ve
desde los huesos de tu isla., simulando edenes sin rostro,
castradas esperanzas de tus cabellos.,
golpeando el aire de tu pecho,
mi locura temporal te mira desde los armarios
que guardan sonrisas,
mañanas amontonadas en tus labios

Somos serpientes y angeles,
sobre campanarios que usurpan los laberintos
de mis respiros, acostados, interminables poros,
sobrevivimos sudando amor,
eludiendo decepciones, destilando pasión
con aroma de miedos.

Comprometidos nuestros ojos,
con el pulso de mis ocultas ojeras.,
llevame en el tiempo de tus brazos
hazme sonar para conocerte al despertar.

Valientes, callando, amando
viviendo en ningun lado,
me detengo en tu demora
amaneciendo encerrado entre tu rostro perfumado

YOU IN EVERY WORD

You know what the day is like,
if I look at every word,
the afternoon is made of glass,
leaves falling with summer fire
yes I touch each
untouchable silence It is the smile
with the body of a hummingbird
that takes me by your side

Everything that exists intoxicates
subtleties of hours
searching for time
that repeats itself around your arms

Boats that sail in another world
windows that await me
dressed in rocks,
lightning strikes,
numb pulsations
go out in your mouth.

You,
in everything
overflowing with life,
memories, desires, the universe,
spread scents, singing paths,
cloudless rain dreaming
incandescent darkness,
forever love, secret paths.

You put a tear under the pillow
giving your eyes to my desires,
you, with full moon madness
embodied in my sky
as an earthquake of eternities,
appeased twilight, longing,
tenderness, implacable blood,
full breath in the awakening
of your quiet chest.

TU EN CADA PALABRA

Tu sabes como es el dia,
si miro cada palabra,
la tarde es de cristal,
hojas cayendo con fuego de verano
si toco cada silencio
intocable es la sonrisa
con cuerpo de colibrí
que me lleva a tu lado

Todo lo que existe embriaga
sutilezas de horas
buscando el tiempo
que se repite en torno a tus brazos

Barcos que navegan en otro mundo
ventanas que me aguardan
vestidas con peñascos,
relámpagos que apuntan,
pulsaciones adormecidas
se apagan en tu boca.

Tu,
en cada cosa
desbordando vida,
recuerdos, anhelos, universo,
riegas olores, cantando caminos,
lluvia sin nubes soñando oscuridades
incandescentes,
amor de siempre, secretos caminos.

Pones una lagrima bajo la almohada
regalando tus ojos a mis anhelos,
tu, con locura de luna llena
plasmada en mi cielo
cómo terremoto de eternidades,
crepúsculo apaciguado, ansias,
ternura, sangre implacable,
aliento pleno en el despertar
de tu callado pecho.

DESPAIR

It is the fullness of a sigh
in the instant of time
like indelible steeds
hastening the rain
the illusion shakes them with its early hands.

Countless heart of the wind
beating between lost aromas
rumble between summers and memories
we play at fishing the water
knocking down resignations
engraved with inks that cry

Foam of war in our hearts
fires shaken with secret hands
take us to tender streams with flowers
adorned with strange skies.

The universe pierces and succumbs
as gold to passion
from desolation I rise
abandoned, fugitive, survivor
among deserts full of silence
as a lonely warrior against invisible Quixotes.

Exasperated I am driven by the thirst
that consumes your lips
you arrive, you escape, you wake up by my side,
wakened by distant steps
uncertain despair
ride empty steeds
on frantic ghosts

DESESPERO

Es la plenitud de un suspiro
en el instante del tiempo
como corceles indelebles
apresurando la lluvia
la ilusión los sacude con sus tempranas manos.

Incontable corazón del viento
palpitando entre aromas perdidos
retumban entre veranos y recuerdos
jugamos a pescar el agua
derribando resignaciones
grabadas con tintas que lloran

Espuma de guerra en nuestros corazones
fuegos sacudidos con manos secretas
nos llevan a arroyos tiernos con flores
adornadas de cielos extraños.

El universo traspasa y sucumbe
conforme el oro a la pasión
desde la desolación me elevo
abandonado, fugitivo, sobreviviente
entre desiertos llenos de silencios
como guerrero solitario contra invisibles quijotes.

Exasperado me empuja la sed
que consume tus labios
llegas, escapas, despiertas a mi lado,
desvelada por pasos lejanos
desesperanza incierta
cabalgas corceles vacíos
sobre fantasmas frenéticos

FALLEN IN MEMORIES

Wrapped in crystals of wind
the chest of rumors accompanies me
trusting, without fear of the night.

As a beggar of dawn,
I wake up fearing
the nostalgia that surrounds
our chest with legendary roots,
brave rubble, attraction of memories,
passed out in furious
and deadly thoughts, trembling, fresh.

The steps continue together,
even the fragile waves
of our existence
recounting the mysteries
scattered in the universe of oblivion
as a fantasy that emerges
from absolute silence.

Ancestral hearts,
whispering worlds without finding
broken confinements on the marble
of your hands, walls, darkness,
dead whims fed
by lips drenched in madness,
caresses hidden in your thoughts,
waiting for the detour of an adventure,
whirlwinds of longing
stir memories,
I am the hero who slips

into your aromas, without letting fall
the serene spring of your illusion,
joys, anger, delicious drunkenness
fleeing from frantic crying.

I stop, I dissolve
in the absence of pain,
broken images,
hungry in the depth
of your kisses,
in your fabrics life, emotions, desolation.

Lying down,
I only exist because you look
and my emptiness and my face
come together to name secret words
, you are the dream with which the world sounds,
dense fogs
that destroy and revive
mute souls that converse
with the syllables of our love.

CAÍDO EN LOS RECUERDOS

Arropado con cristales de viento
me acompana el cofre de rumores
confiando, sin miedo a la noche.

Cual mendigo de alboradas,
me desvelo temiendo
a la nostalgia que rodea
nuestro pecho con raíces legendarias,
escombros valientes, atracción de recuerdos,
desmayados en pensamientos furiosos
y mortales, temblorosos, frescos.

Los pasos siguen juntos,
hasta las frágiles olas
de nuestro existir
contando los misterios
regados en el universo del olvido
como fantasía que se desprende
de los silencios absolutos.

Ancestrales corazones,
susurrando mundos sin encontrar
confinamientos rotos sobre el mármol
de tus manos, paredes, oscuridad,
caprichos muertos alimentados
por labios empapados de locura,
caricias escondidas en tus pensamientos,
esperando el desvío de una aventura.,
torbellinos de anhelos
alborotan los recuerdos,
soy el héroe que se desliza

en tus aromas, sin dejar caer
el sereno manantial de tu ilusión,
alegrías, enojos, deliciosa embriaguez
huyendo del llanto frenético.

Me detengo, me diluyo
en la ausencia del dolor,
combato imágenes rotas,
hambrientas en la profundidad
de tus besos,
en tus tejidos vida emociones, desolación.

Recostado,
solo existo porque me miras
y mi vacío y mi rostro
se juntan para nombrar palabras secretas
eres el sueño con el que suena el mundo,
pactamos nieblas densas
que destruyen y reviven
almas mudas que conversan
con las sílabas de nuestro amor.

THE HANDS THRUMB

From the twilight rejoicing of the
incandescent clouds you take up again that the star abandons
since the solitary brightness evokes
sparks and sunsets in your hands.

The breeze ingests the breeze in its confusion
displaces petals and its rosy drizzle
moistens your neck, kisses your back
and hugs you and sets it on fire

Two outstretched arms, your two eyes
torrents of passion,
a marble rose, a garden in your belly,
it is spring in your lips
your body listening
to the game of my fingers
rhythm of calm water
unbreakable ocean of our secrets.

PALPITAN LAS MANOS

Del crepuscular regocijo de las nubes
incandescencia retomas que el lucero abandona
ya que el brillo solitario evoca
centellas y ocasos en tus manos.

La brisa ingiere brisa en su confusión
desplaza pétalos y su llovizna rosada
humedece tu cuello, besa tu espalda
y te abraza e incendia

Dos brazos extendidos, tus dos ojos
torrentes de pasión,
rosa de mármol, un jardín en tu vientre,
es primavera en tus labios
tu cuerpo escuchando
el juego de mis dedos
ritmo de agua mansa
océano irrompible de nuestros secretos.

IRONY

Fragile woman in an illusion,
life of spring,
days of sweet song,
melodies of the whole night.

Inverted jealousy,
hearts chained
on shells
of shadow and loneliness,
love of lovers,
torrents, storm.

Imitating angry cries,
breathless looks,
fugitive hopes divided into prisons
of suffering, fearful,
uncomfortable, affected,
clever poachers.

Ohhhh spring of our love,
cave chained to time,
wind of lucidity,
superfluous loads of pain friend.

Lonely cloak,
disturbing embrace,
simplicity accumulated in two skins,
dragging thoughts.

Dagger that devours passions,
effective auroras curing
lost tears.

Souls in freedom,
spilling life,
purifying loneliness,
sacred nectar

Irony,
you flood sarcastic smiles,
being with your love, not having you,
feeling heartbeats without sighs,
frustrated taste of your kisses,
your anonymous presence
in vain says I love you.

IRONÍA

Mujer frágil en una ilusión,
vida de primavera,
días de dulce canción.,
melodías de noche entera.

Celos invertidos,
corazones encadenados
sobre corazas
de sombra y soledad,
amor de enamorados,
torrentes, tempestad.

Imitando llantos irritados,
miradas sin aliento,
esperanzas de fugitivo divida en cárceles
de sufrimientos, temerosos,
incómodos, afectados,
sagaces cazadores furtivos.

Ohhhh manantial de nuestro amor,
gruta encadenada al tiempo,
viento de lucidez,
superfluas cargas de dolor amigo.

Manto solitario,
inquietante abrazo,
sencillez acumulada en dos pieles,
pensamientos arrastrados.

Daga que devora pasiones,
auroras eficaces curando
llantos perdidos.

Almas en libertad,
derramando vida,
purificando soledad,
néctar sagrado
Ironía,
inundas sarcásticas sonrisas,
estar con tu amor, no tenerte,
sentir latidos sin suspiros,
sabor frustrado de tus besos,
tu presencia anónima
en vano dice te amo.

WHAT WILL BE OF US

So much walking among silent ruins,
without saying ever, jumping, tired,
ignoring you,
chance found me in your loneliness,
your dear, paradise, my song, poetry
I have you by my side
but your smiles are not there,
to that manages to reach spring,
if the winter sun covers with its wings
the snowy dawns.

Abandoned hearts
stamped nobility.

Secret future,
frenetic fullness guides my life
symbols attached to the magnet of loneliness,
adolescents shout joy, deny hope.

Two gazes break the void,
ice that reveals sounds debating dreams,
longing for reality,
footsteps in the shadows of other nomads.

We wander without knowing what will become of us.

Sleeping in unbearable repeated lands,
broken breaths,
sacrificed
thoughts crack,

discouragements flourish,
painful against fires locked
in my harmonious voice,
moon, crystal night, consuming fears
on sidewalks of tears,
mists alternate our conquests
breaking bitter tunes
walking in tune.

QUE SERA DE NOSOTROS

Tanto andar entre silenciosas ruinas,
sin decir jamás, saltando, cansado,
ignorandote,
el azar me encontro en tu soledad,
tu querida, paraíso, mi canción, la poesía
te tengo a mi lado
pero no están tus sonrisas,
para que logre alcanzar la primavera,
si el sol del invierno arropa con sus alas
las madrugadas de nieve.

Corazones abandonados
nobleza estampada.

Futuro secreto,
plenitud frenética guía mi vida
símbolos prendidos al imán de la soledad,
los adolescentes gritan alegrías, niegan esperanzas.

Dos miradas rompen el vacío,
hielo que revela sonidos debatiendo sueños,
anhelos de realidad,
pasos entre sombras de otros nómadas.

Deambulamos sin saber qué será de nosotros.

Dormir en insoportables tierras repetidas,
alientos rotos,
sacrificados resquebrajan
pensamientos,

florecen desalientos,
dolorosos contra fuegos encerrados
en mi voz armoniosa,
luna, noche de cristal, consumo miedos
sobre veredas de lágrimas,
neblinas alternan nuestras conquistas
rompiendo tonadas amargas
caminando en sintonía.

WITHOUT YOU

Sad days harass cries,
your company,
early mornings delivered
to tears without trails,
dews mark loneliness,
hearts without comfort,
sorrows of love,
stars without nights,
heat, melancholy.

Thorns weaving my skin,
fine purity of ecstasy
feeds anxious hugs,
delivered between spent enigmas
I pour my silken hands
into our infinite gazes
that pass through longing.

The smell of your distance softens my world
when you spill your scented kisses on
the cloister of our absence,
smiling petals you travel my sky wrapped
in your honey of love,
stabbing daggers
in farewells that are not reborn.

Stumbles, odysseys, my body,
a look, a goodbye that does not go away,
we will be return, eternal paths,
infinite ears fed by love

Surrendered, beloved,
started rarefied steps,
defeated doubts,
he marched on broken glass,
cloudy noise that suffocates your Return.

Fogs, aimless glances,
erased sorrows preserve
the flavor of your memories,
frantic on itinerant atmospheres
banish the pain,
I vanish in you,
I sleep on my half.

SIN TI

Días tristes acosan clamores,
tu compañía,
madrugadas entregadas
a lágrimas sin senderos,
rocíos marcan soledades,
corazones sin consuelo,
penas de amor,
estrellas sin noches,
calor, melancolía.

Espinas tejiendo mi piel,
fina pureza de éxtasis
alimenta abrazos ansiosos,
entregado entre enigmas gastados
vierto mis manos de seda
en nuestras miradas infinitas
que transitan ansias.

El olor de tu distancia suaviza mi mundo
cuando derramas tus besos perfumados sobre
el claustro de nuestra ausencia,
sonriendo pétalos transitas mi cielo arropado
con tus mieles de amor,
clavando puñales
en despedidas que no renacen.

Tropiezos, odiseas, mi cuerpo,
una mirada, un adiós que no se va,
seremos retorno, caminos eternos,
infinitos oídos alimentados por el amor

Rendido, amado,
arrancó pasos enrarecidos,
dudas vencidas,
marchó sobre cristales rotos,
turbio estruendo que asfixia tu regreso.

Neblinas, miradas sin rumbo,
penas borradas conservan
el sabor de tus recuerdos,
frenéticos sobre atmósferas itinerantes
desterramos el dolor,
me desvanezco en ti,
duermo sobre mi mitad.

BEYOND THE ENCOUNTER

Sunset of an afternoon wetting the dry rain,
I breathe love as I pass by your side
drops of your nectar bathe my life,
blind transparency,
glow of blind gazes,
eyes that mark my space
in bodies without pause,
a thousand paths reach your
fallen leaves marching on the sun,
invisible smiles greet you,
my steps lift me

Kisses hidden on your back
I am consumed by cupid's thirst,
rock of intoxicating petals,
I want to reveal myself in your hair
engender the land of your womb.

I feel the mouths brushing,
three hundred kisses are looking for me,
feeling the peace in your dreams.

wake up on the swing of two lives,
and I fall asleep on the wind that burns,
soliloquies shout inexhaustible empty throats
that take refuge in our union.

MÁS ALLÁ DEL ENCUENTRO

Ocaso de una tarde mojando la seca lluvia,
respiro amor al pasar por tu lado
gotas de tu néctar bañan mi vida,
ciega transparencia,
resplandor de miradas ciegas,
ojos que marcan mi espacio
en cuerpos sin pausa,
mil caminos llegan a tus manos
hojarascas marchando sobre el sol,
sonrisas invisibles saludan,
mis pasos me levantan

Besos escondidos en tu espalda
me consume la sed de cupido,
roca de pétalos que embriagan,
quiero desvelarme en tu cabellera
engendrar la tierra de tu vientre.

Siento las bocas rozando,
trescientos besos me buscan,
sintiendo la paz en tus sueños.

Despierto sobre el vaivén de dos vidas,
y me duermo sobre el viento que arde,
soliloquios vociferan inagotables gargantas vacías
que se refugian en nuestra unión.

THEY GO IN LOVE

Like madmen they perpetually dance,
snatch the moment,
hasten their destiny,
indelibly sing agonies,
illusions, hopes.

They are eternal greetings fallen
in the happy soul,
bellies that shine without pain eagerly
seeking burning shores.

Lovers preserve the time
found at the top of desires,
living spirals,
weapons that do not draw,
shipwrecked backs, balance,
balance of desires on
pieces of love,
precipice, vice of having you.

They are elusive islands,
wind from the rosebush carrying the space between clouds,
they turn strongly, they walk deep, they
bloom with the heat of a winter of mouths,
hungry for silence and crowds,
white sheets with thirst stains.

Remembering the shadows,
spells, absurdities that cause laughter,
honeys dancing between cities of smiles.

Bravura, moments that whistle,
eyes devouring madness,
light, brief existence,
sitting restlessly,
locks without keys, padlocks,
doors that push

They flagellate, dance, offer excessively,
live in routines that do not sleep,
curved throats build springs.

With pillows without heads
we are artists in love with everything.

VAN ENAMORADOS

Como locos bailan perpetuos,
arrebatan el instante,
apresuran su destino,
indelebles cantan agonías,
ilusiones, esperanzas.

Son saludos eternos caídos
en el alma contenta,
vientres que resplandecen sin dolor
buscando con afán riberas que arden.

Enamorados conservan el tiempo
encontrado en la cima de los deseos,
espirales vivos,
armas que no desenfundan,
espaldas naufragas, equilibrio,
balanza de deseos sobre
pedazos de amor,
precipicio, vicio de tenerte.

Son islas escurridizas,
viento del rosal cargando el espacio entre nubes,
giran con fuerza, caminan en lo profundo,
florecen con el calor de un invierno de bocas,
hambrientos de silencios y multitudes,
sábanas blancas con manchas de sed.

Recordando las sombras,
hechizos, absurdos que causan risas,
mieles bailando entre ciudades de sonrisas.

Bravura, momentos que silban,
ojos devorando locuras,
luz, existencia breve,
sentados sin descanso,
cerrojos sin llaves, candados,
puertas que empujan

Se flagelan, bailan, ofrecen con exceso,
viven en rutinas que no duermen,
gargantas encorvadas construyen primaveras.

Con almohadas sin cabezas
somos artistas enamorados de todo.

APPOINTMENT WITH LOVE

Delivered, lost,
kisses dance, fish sing,
pupils that dilate thoughts,
fruits that shine without sun,
blind jungle, darkness that guides.

I will follow your feet to the side of the bed,
my body and my mouth ask me
where love is.

Pruned my energies,
lonely empty drops
precipices that turned into the mountains,
suffocation that cools the gales
forging wines of joy.

I am the pilgrim journey,
the wrong march that returns
in the diversion of your senses, you
unleash afternoons, ashes without veins,
pose the arrival on burnt smiles

on the wave that raises dreams
naked rains,
frantic remedy of vital wounds,
I wait, I sleep,
tired I roll on my bones, I
breathe the sadness of loneliness.

Is late?
love looks out, excited,
turns, stumbles,
irrepressible poses with omens
of elegant social gatherings,
cosmopolitan recognizes its vital trench

CITA CON EL AMOR

Entregado, perdido,
bailan los besos, cantan los peces,
pupilas que dilatan pensamientos,
frutas que brillan sin sol,
selva ciega, oscuridad que guía.

Seguire tus pies hasta el costado de la cama
me pregunta mi cuerpo y mi boca
dónde está el amor.

Podadas mis energías,
solitarias gotas vacías
precipicios que dobló en las montañas,
asfixias que enfrían los vendavales
forjando vinos de alegrías.

Soy el viaje peregrino,
la marcha equivocada que regresa
en el desvío de tus sentidos,
desatas tardes, cenizas sin venas,
posas la llegada sobre quemadas sonrisas

Vuelo sobre la ola que levanta sueños
lluvias desnudas,
remedio frenético de heridas vitales,
espero, duermo,
cansado ruedo sobre mis huesos,
respiro la tristeza de la soledad.

¿Es tarde?
se asoma el amor, emocionado,
gira, tropieza,
irrefrenable se posa con augurios
de elegantes tertulias,
cosmopolita reconoce su trinchera vital

LIFE

Living without life,
as without time,
existing eternal
gives me joy because the world turns.

If life were death
and when we die we live
would die in the arms of fate
because with living we do not exist

We are forbidden territories
awake in suspense,
looking at each question that is born drowsily
claiming exhausted
in each groundless field
the right of eternity in each breath,
live, each second to be born
learning the nostalgia of the world

Existence asleep in subsistence,
survival that inhabits kites without wings,
through death
hope enters my life,
singing, crying, looking at jewels
in the pathless garden.,
in my face full of flowers
nobody knows if the sky falls
or survives in the sea.

A new day accompanies me

VIDA

Vivir sin vida,
como sin tiempo,
existiendo eterno
me da alegría porque el mundo gira.

Si la vida fuera la muerte
y cuando morimos vivimos
moriría en los brazos de la suerte
pues con el vivir no existimos

Somos territorios prohibidos
despiertos en el suspenso,
mirando cada pregunta que nace somnolienta
reclamando extenuados
en cada campo sin suelo
el derecho de la eternidad en cada respiro,
vivir, cada segundo nacer
aprendiendo la nostalgia del mundo

Existencia dormida en la subsistencia,
supervivencia que habita cometas sin alas,
a través de la muerte entra
la esperanza a mi vida,
cantando, llorando, mirando joyas
en el jardín sin caminos.,
en mi rostro poblado de flores
nadie sabe si el cielo cae
o sobrevive en el mar.

Me acompaña un nuevo dia

TOGETHER IN EVERY CHAIR

Hand in hand she wrapped herself in the night,
endless glances
sealed each word without reproaches.

Addicted to your balcony,
with innocence of helpless traffic,
gardens that did not exist but lived unfolded,
secret joys, silent harmonies.

Uncertainty embraces them,
tyrannical questions harass
the nights that don't come,
sadness of goodbye.

Deep, untouchable, identical,
frantic boundless
together every day,
useless imprisoned effort

They revive abandoned sighs,
pact without borders.

Teenagers that don't exist.

JUNTOS EN CADA SILLA

Tomados de la mano se arropaba con la noche,
interminables miradas
sellaban cada palabra sin reproches.

Adictos a tu balcón,
con inocencia de tránsito desamparo
jardines que no existían pero vivían desplegados,
secretos goces, armonías silenciosas.

Los abraza la incertidumbre,
preguntas tiránicas acosan
las noches que no llegan,
pesadumbre del adiós.

Profundos, intocables, idénticos,
frenéticos ilimitados
juntos cada dia,
inutil esfuerzo encarcelado

Reviven suspiros abandonados,
pacto sin fronteras.

Adolescentes que no existen.

NIGHT THAT IS COVERED IN INNOCENCE

Between trembling whispers,
distant kisses flutter between shadows,
paper swings wet souls,
hidden sheets,
thirsty hands rock sighs
that make me remember
what you were and what I am.

Bodies evaporate
while the heat is the happiness that bathes us,
cheeks that drink
intoxicated spells with perfumes of beats.

Like blood rebels,
we dance the dance that makes you mine,
applause floats provoking the look
that makes you eternal inside my skin,
helpless fire,
you were an endless heartbeat like the touch of the wind,
bare cup on accomplice chairs.

We get up, immense, cloudy, silent,
aroma of caution reinforces this madness,
illuminated in the open air, air that chases us.

Feel, live, bones sing about your belly.

NOCHE QUE SE CUBRE DE INOCENCIA

Entre susurros temblorosos,
lejanos besos revolotean entre sombras,
columpios de papel mojan las almas,
sabanas ocultas,
manos sedientas mecen suspiros
que me hacen recordar
lo que fuiste y lo que soy.

Se evaporan los cuerpos
mientras el calor es la dicha que nos baña,
mejillas que beben hechizos
embriagadas con perfumes de latidos.

Como rebeldes de sangre,
bailamos la danza que te hace mía,
aplausos flotan provocando la mirada
que te hace eterna dentro de mi piel,
desamparado fuego,
fuiste latido interminable como el roce del viento,
copa desnuda sobre sillas cómplices.

Nos levantamos, inmensos, turbios, silentes,
aroma de cautela refuerza esta locura,
iluminados en la intemperie, aire que nos persigue.

Sentir, vivir, huesos cantan sobre tu vientre.

TOLERANT SOLITUDE

They have talked about her
so much that she is exhausted,
always true,
sitting at the right hand of no one.

Broken,
it is vaguely lost,
it is confused among tumultuous
silent souls, it vanishes cabins born with joys.

Brave you contemplate the sound of oblivion
withered paths are repeated,
erased suns,
bitterness crossing
remote songs kisses threatened by the dead of the night.

Hurtful, naked,
you ride obscured ironies
panting anxieties
useless relief feigning memories.

Wandering between armies of
open voices you palpitate, you fall like the day
you are a suicidal island of times without traces.

TOLERANTE SOLEDAD

Han hablado sobre ella
tanto que está agotada,
siempre cierta,
sentada a la diestra de nadie.

Rota,
se pierde vagamente,
se confunde entre tumultuosas almas
callada esfuma cabanas nacidas con alegrías.

Valiente contemplas el sonido del olvido
marchitos caminos se repiten,
soles borrados,
amarguras atravesando cantos
remotos besos amenazados por los muertos de la noche.

Hiriente, desnuda,
cabalgas ironías oscurecidas
ansiedades jadeantes
inútiles alivios fingiendo memorias.

Errante entre ejércitos de voces
abierta palpitas, caes como el dia
eres una isla suicida de tiempos sin rastros.

BALCONY OF YOUR KISSES

Are you waiting for me today? like every afternoon,
noble, subtle,
next to that bare chair
anxious as your lips.

Sitting,
lost in the absence,
our senses deepen
sedated under the hypnotic moon,
they soothe our throats.

Restless, comfortable, we
conquer cosmic dust,
infinite we dance between shadows,
tireless of being with you,
inexhaustible, without jail or walls
, enchanted drops,
imperfect sentences
, empty, windows penetrated
roofs over the streets
seeing happy skins.

Moments that do not wait,
without seeing us scattered is the anguish
blind spiders weave stones that copulate
abysses with intertwined spaces
mystery of silence
I fall into your noisy gestures
I sleep without a mask,
I die without dying in the hours of your balcony.

BALCÓN DE TUS BESOS

¿Me esperas hoy? como cada tarde,
noble, sutil,
al lado de esa silla desnuda
ansiosa como tus labios.

Sentados,
perdidos en la ausencia,
nuestros sentidos ahondan
sedados bajo la hipnótica luna,
nos alivian las gargantas.

Inquietos, cómodos,
conquistamos polvo cósmico,
infinitos bailamos entre sombras,
incansable de estar contigo,
inagotables, sin cárcel ni muros
gotas encantadas,
condenas imperfectas
vacío, ventanas penetradas
techos sobre las calles
viendo pieles dichosas.

Instantes que no esperan,
sin vernos dispersa es la angustia
arañas ciegas tejen piedras que copulan
abismos con espacios entrelazados
misterio de un silencio
caigo en tus gestos ruidosos
duermo sin mascara,
muero sin morir en las horas de tu balcón.

A COFFEE NEXT TO MY SOUL

Fingers intertwined
canvas of the morning
aroma on the roof,
leaves that look silent.

Hidden tree trunk resting
fallen leaves work
on broken floors,
sips of tired breath
dance with your living memories.

Throbbing bees of time
I relax in my universe,
eyes closed in the transit of a rate,
I know myself, I look for myself between the smoke and the cold.

Fresh water undressing faces,
hands vanish.

Euphoric clock,
the echo of my rest ends

UN CAFÉ JUNTO A MI ALMA

Entrelazados dedos
lienzo de la mañana
aroma en el tejado,
hojas que miran calladas.

Escondido tronco del árbol reposando
hojarascas trabajan
sobre suelos rotos,
sorbos de aliento cansado
bailan con tus memorias vivas.

Palpitantes abejas del tiempo
me relajo en mi universo,
ojos cerrados en el tránsito de una tasa,
me conozco, me busco entre el humo y el frío.

Agua fresca desnudando rostros,
se desvanecen las manos.

Reloj eufórico,
finaliza el eco de mi descanso

WHILE I REMEMBER YOU MORE

Immune sorrow,
our hours breaks write and speak
innocently I frequent laughter in my thoughts,
I discover tears in time.

Sincere dawns spill affection,
beloved walks discover broken sunsets
rest in the glory of our frigid pact.

Vulnerable peace flows in love,
inspiration unbearable
poison silent, evening,
ignored senses, dark smiles
rain with every word
Beautiful treasure sunk in indecipherable murmurs
terrified indecision triumphs
faces devoured, boat of sublime suffering

Pilgrim still in loss breeze,
barren I sway, without hating you, lying down, frantically
absent I fled staying,
clarity, desolate ruptures,
restless harmonies
enduring the new baptism hidden from your gaze.

MIENTRAS MAS TE RECUERDO

Pesadumbre inmune, quebrantos
nuestras horas escriben y hablan
inocente frecuento risas en mis pensamientos,
Descubro llantos en el tiempo.

Sinceros amaneceres derraman cariño,
amados paseos decubren atardeceres rotos
reposo en la gloria de nuestro frígido pacto.

Vulnerable paz fluye en el amor,
inspiración insoportable
veneno callado, vespertino,
ignorados sentidos, oscuras sonrisas
llueven con cada palabra
Hermoso tesoro hundido en murmullos indescifrables
indecisión aterrada triunfa
rostros devorados, barca del sufrimiento sublime

Peregrino quieto en la pérdida brisa,
esteril me balanceo, sin odiarte, acostado, frenético
ausente hui quedandome,
claridad, desoladas rupturas,
inquietas armonías
soportando el nuevo bautizo oculto de tus miradas.

TELL ME WITHOUT MY KNOWING

Lips hidden in the corner of doubt
capable of stealing silence in a
friendly, close,
scandalous goodbye.

morning flights
hidden
they are the ones who predict
and worry.

Old pens creating endless truth.

Coldness, obstinate expectation,
fasting rest,
under the swift moaning
perpetual veil that does not wait.

Pale heart flees desolate
still, red sky feeling whispers.

Frigid tiredness rests bitter,
it's winter on your face, wind, rain
over the twilight nascent universe
your words give away the expected torrent.

I wanted to sleep to forget, sing without remembering
incessant truths fed by lies.

Marching smiling, he preferred the afternoon, he
manipulated the kisses
, renewing the air.

She walked away precise, clear,
dazzling without looking back.

Martyrdom, calm,
tears without pity,
vanished love, blessed hell,
dreams, aromas.

DÍMELO SIN QUE LO SEPA

Labios escondidos en el rincón de la duda
capaces de robarse el silencio en un adiós
amables, cercanos,
escandalosos.

Buscan los vuelos matutinos
ocultos en el tiempo,
son los que predicen
y se preocupan.

Plumas viejas creando la verdad sin fin.

Frialdad, espera que obstina,
descanso en la ayuna,
bajo el veloz gemido
velo perpetuo que no espera.

Pálido corazón huye desolado
quieto, rojo cielo sintiendo susurros.

Frígido cansancio reposa amargo,
es invierno en tu rostro, viento, lluvia
sobre el ocaso universo naciente
tus palabras regalan el esperado torrente.

Quise dormir para olvidar, cantar sin recordar
incesantes verdades alimentadas de mentiras.

Marchando sonriente prefirió la tarde
manipulo los besos
renovando el aire.

Se alejó precisa, clara,
fulgurante sin mirar atrás.

Martirio, sosiego,
lágrimas sin lastima,
amor desvanecido, infierno bendito,
sueños, aromas.

SILENT INSPIRATION

The exhausted day circulates among sands,
inspiration suddenly found in shells of life.

I want to be, look at you, I want to drink by your side,
warm lips emerging in timid transitions
to steal your mute face.

I think about it, my body says it,
my blood in love,
my pillow says it, my steps, my looks.

Sounding silences,
inventing nights, saying hello,
going by your side.

You inspire me from the tree in the corner,
from the carpet in your room
where your hair
unearthed by my gaze sleeps,
in warm quilts of your silhouette
where the rose water awakens.

I will follow your thighs, your hands, the steps towards your soul.

INSPIRACIÓN CALLADA

Circula el día agotado entre arenas,
inspiración hallada de pronto en caparazones de vida.

Quiero estar, mirarte, quiero beber a tu lado,
aflorando tibios labios en transiciones tímidas
para robar tu enmudecido rostro.

Lo pienso, lo dice mi cuerpo,
mi sangre enamorada,
lo dice mi almohada, mis pasos, mis miradas.

Sonando silencios,
inventando noches, diciéndote hola,
ir a tu lado.

Me inspiras desde el árbol de la esquina,
desde la alfombra de tu cuarto
donde duermen tus cabelleras
desenterradas por mis miradas,
en edredones tibios de tu silueta
donde despierta el agua de rosas.

Seguire tus muslos, tus manos, los pasos hacia tu alma.

BECAUSE THEY CHANGED THEIR HANDS

He mentioned your name,
the flowers grew,
the aromas fought
throughout the rosebush,
springs sprouted between stones
planted by the world of your smiles

You did not say anything
and your voice ran through the streets, you
tripped over the wind where no one lives,
Only I wait for you where the leaves sing.

The clouds of your hands float naked,
your body vanishes on
blind waves, words guide my kisses
, silk on your fingers, skin stained with water,
dreams of being, I breathe nights,
taciturn thoughts
daybreak

Pause in time, lightning,
autumn in your hair,
I wake up on the clay of your hands
the sun in love on your back,
ignites invisible flames,
somber anguish
defeated in your thighs.

PORQUE CAMBIARON SUS MANOS

Mencionaba tu nombre,
crecían las flores,
se peleaban los aromas
en todo el rosal
manantiales brotaban entre piedras
sembradas por el mundo de tus sonrisas

No decías nada
y tu voz corría por las calles,
tropezabas con el viento donde nadie vive,
solo yo te espero donde cantan las hojas.

Las nubes de tus manos flotan desnudas,
tu cuerpo se desvanece sobre olas
ciegas palabras orientan mis besos
seda en tus dedos, piel manchada de agua
sueños de estar, respiro noches,
pensamientos taciturnos
alborada diurna

Pausa en el tiempo, relámpagos,
el otoño en tus cabellos,
me desvelo sobre la arcilla de tus manos
el sol enamorado sobre tu espalda,
enciende invisibles llamas,
angustia sombría
derrotada en tus muslos.

WHEN THE SPELL DIES

Love begins when mouths
become eternal touching silences
without wasting between fingers
keeping pacts of blood
sunrises thinking
of nightingale bells of wet grass
would die by the wind of your arms you
perfume my gestures
you breathe skins.

To die in the streets where we go alone
every place where your smiles rest
on my cheeks, next to the train
in the dry air,
we meet
and introduce ourselves every day.

The forbidden fruit arrives,
the detail of indifference,
sleepwalker blinks
does not ask for my
dead caresses between sheets of glass,
hands without a garden
looks at me with empty eyes
, is not moved by the rivers
that scream pain.

Each eyelash without blood
pact flying in the infinite sunset
whips the breeze
ignoring the fatigue
of your hair

Indifference,
cry of marble smiling
crumbling heart
frozen paper cry

Oblivion rides in the routine
chained to the ocean of my discouragement.

CUANDO MUERE EL HECHIZO

Empieza el amor cuando las bocas
se vuelven eternas tocando silencios
sin gastarse entre los dedos
guardando pactos de sangre
amaneceres pensando en campanas
ruisenor de hierba mojada
moriría por el viento de tus brazos
perfumas mis gestos
respiras pieles.

Morir en las calles donde vamos solos
cada lugar donde tus sonrisas reposan
en mis mejillas, junto al tren
en el aire seco,
nos encontramos
y nos presentamos cada día.

Llega la fruta prohibida,
el detalle de la indiferencia,

sonámbula parpadea
no pregunta por mi
caricias muertas entre hojas de cristal,
manos sin jardín
me mira con sus ojos vacíos
no se conmueve con los ríos
que gritan dolor.

Cada pestaña sin sangre
pacto volando en el infinito atardecer
azota la brisa
ignorando la fatiga
de tus cabellos

Indiferencia,
grito de mármol sonriente
corazón desmoronado
congelado llanto de papel

El olvido cabalga en la rutina
encadenada al océano de mi desaliento.

COVERED

She and I understand each
other like two swans of water,
sometimes we become a breeze,
it moves with me everywhere
rises to my eyes
and illuminates them, it makes them close warmly.

When we are lying down
he whispers kiss me.

Lying in my soul
as a captive of my thoughts
with sentences of time
never remains immobile
always loves
me illuminating the doubt of my fingers
sounding shadows that I do not see I
would like to know what beats in your silences
Sometimes fearful,
so many times it looks pale it
looks like the moon when the
seasons go.

Despite everything
your life awaits
me, listens to me in each image of your mirror
condemns us to the embrace of my sheets
we sit alone in the shadows
of waiting
that listens to the perpetual moan
of our indifference.

ARROPADOS

Ella y yo nos entendemos
como dos cisnes de agua
a veces nos hacemos brisa
se mueve conmigo a todos lados
sube a mis ojos
y me los alumbra los hace cerrar tibiamente.

Cuando estamos acostados
me susurra besame.

Acostada en mi alma
como cautiva de mis pensamientos
con condenas del tiempo
jamas permanece inmovil
siempre anda amándome
alumbrando la duda de mis dedos
sonando sombras que no veo
quisera saber que late en tus silencios
Algunas veces temerosa,
tantas veces se ve pálida
parece la luna cuando las
estaciones se van.

A pesar de todo
tu vida me espera,
me escucha en cada imagen de tu espejo
nos condena al abrazo de mis sábanas
nos sentamos solos en la penumbra
de la espera
que escucha el gemir perpetuo
de nuestra indiferencia.

MY HEART BELONGS TO YOU

We all like
the comets that pronounce fragments
of what we are
and we will be
generous dark site
looks looking at everything,
tiny world, calm night
white melodies, caresses,
relief of our names
rise up ecstasy of voices
prophet beyond all

Fragile unconsciousness
on the borders of the breathed nights
fighting chimeras
stagnant foams,
stretched backs
ignoring the wait

We belong to the brief
slow words
with the smell of mystery
you are the lighthouse that belongs
to the window that looks at our mouths

It comes from me loving you I
belong to your inspiration
without anguish,
with the pause of your feelings
my blood in the balance
of your sighs.

MI CORAZÓN TE PERTENECE

Todo nos gusta
los cometas que pronuncian fragmentos
de lo que somos
y seremos
generoso sitio oscuro
miradas mirando todo,
diminuto mundo, noche sosegada
blancas melodías, caricias,
desahogo de nuestros nombres
se levantan éxtasis de voces
profeta mas alla de todos

Frágil inconsciencia
en las fronteras de las respiradas noches
combatiendo quimeras
espumas estancadas,
espaldas tendidas
ignorando la espera

Pertenecemos a lo breve
lentas palabras
con olor a misterio
eres el faro que pertenece
a la ventana que mira nuestras bocas

Sale de mi amarte
pertenezco a tu inspiración
sin angustia,
con la pausa de tus sentimientos
mi sangre en la balanza
de tus suspiros.

TIRED IN REST

Sitting in the indifference of time,
a palm tree watches me,
I see its sighs,
imperceptible but agitated.

Sand of time,
predatory devours each bottom,
tirelessly mocked the mirror,
clothed face.

Windy days, tireless hours,
the orange roof is invisible, a
brief eternity without a compass.

I am the immolation stored
in the darkness of each sunrise,
dissatisfied memories
disappear between sunken mountains,
flights, broken chairs, torn breeze.

In each place,
tireless heart full,
repeated luggage dialogues, gestures of a body
echoes, language without words,
distanced, without company.

Magical choirs invent
silky shores without sea, without rivers.

Orphaned pheasants in flocks
without holes.

The torn environment is lost,
blurred figures in the inverse
of blind smiles
sweet emptiness sleeping in its imperfections

Stone
mirages take me to morpho,
the scattered awakening
and silence of my memory

CANSADO EN EL REPOSO

Sentado en la indiferencia del tiempo,
una palmera me observa,
veo sus suspiros,
imperceptibles pero agitados.

Arena del tiempo,
depredadora devora cada fondo,
incansable burló al espejo.,
rostro arropado.

Días de viento, horas incansables,
invisible es el techo naranja,
breve eternidad sin brújula.

Soy la inmolación guardada
en la oscuridad de cada amanecer
insatisfechos recuerdos
desaparecen entre montañas hundidas,
vuelos, sillas rotas, brisa rasgada.

En cada lugar,
incansable corazón repleto,
repetido equipaje dialoga, gestos de un cuerpo
ecos, lengua sin palabras,
distanciada, sin compañía.

Mágicos coros inventan
sedosas orillas sin mar, sin ríos.

Faisanes huérfanos en bandadas
sin agujeros.

Se pierde el entorno desgarrado,
figuras borrosas en lo inverso
de sonrisas ciegas
dulce vacío durmiendo en sus imperfecciones

Espejismos de piedra
me llevan a morfeo,
me espera el disperso despertar
y el silencio de mi memoria

THE WITHERED RIVER

Always new, unbreakable
awakes beating between its dreams
travels with the crowd
hardens in its solitude
tasting old stories
perpetual spirit
embodied in the smell of the wind

It likes to be crazy and sane
it changes and stays in its joy
outlining swings
singing sounds
that flow in us
is reborn in the mystical throb
of the drums of water

distant current
undulating reflections
claws every second
invisible you touch caresses

Nobody knows you but everyone looks at you
my heart tied
to the absolute night
where echoes and mountains slide
like stones reborn
snow fire on my face
bones that remind me who I am.

EL RÍO MARCHITO

Siempre nuevo, irrompible
despierta latiendo entre sus sueños
transita con la muchedumbre
se endurece en su soledad
probando historias añejas
espíritu perpetuo
encarnado en el olor del viento

Le place ser loco y cuerdo
se muda y se queda en su alegría
delineando vaivenes
cantando sonidos
que fluyen en nosotros
renace en el palpitar místico
de los tambores del agua

Corriente distante
reflejos ondulantes
zarpas cada segundo
invisible tocas caricias

Nadie te conoce pero todos te miran
mi corazon amarrado
a la absoluta noche
donde resbalan ecos y montañas
como piedras renacidas
fuego de nieve sobre mi cara
huesos que me recuerdan quien soy.

FAREWELL

Your eyes were homeland of the moment and the senses
mouth without words
ocean without sea
loose spirits, exquisite faces
invited thoughts
fractions of obsessive charms

I realize that you are not here
when your voice transforms in the crowd
into silence
early mornings, overdose of pain,
night of broken ceilings

Walking each skin,
friendly specters
stagnant in the fragile gloom
of unconsciousness
I am sure of each dawn
shouting breezes that feed lies
I am the whole imprisoned in each blink
of memories with the smell
of doors that open to relief

DESPEDIDA

Tus ojos eran patria del instante y los sentidos
boca sin palabras
océano sin mar
espíritus sueltos, rostros exquisitos
pensamientos invitados
fracciones de encantos obsesivos

Me doy cuenta de que no estas
cuando entre la multitud
se transforma tu voz en silencio
madrugadas, sobredosis de dolor,
noche de techos rotos.

Paseando cada piel,
amables espectros
estancados en la penumbra
frágil de la inconsciencia
seguro estoy de cada amanecer
gritando brisas que alimentan mentiras
soy el todo preso en cada parpadeo
de recuerdos con olor
a puertas que se abren al desahogo

CLUSTER OF LOOKS

Bare your flowers as if they were alone
without realizing that you are with me
on the ground, feathers that fertilize the sun,
touching clouds and fruits of rain,
love with its teeth and nails is not enough,
we are land without footprints,
being born in the elixir of calm.

Loving each other in the laughter of crowds alone
while the night lies down
breathing bodies embraced
at the edge of ages.

Like sad algae in winter
looking serenely, looks go,
sighs, pearls hanging on red carnations.

Watering clusters of lukewarm figures
finding ourselves alone in wine melodies we
belong to the petals of shadow,
cups, heat, brilliant flickers,
world of moments, more carnations and kites,
we shine without names
in territories of silence.

RACIMOS DE MIRADAS

Desnudas tus flores como si estuvieses sola
sin darte cuenta que estas conmigo
sobre el suelo plumas que fertilizan el sol
tocando nubes y frutos de lluvia
no basta el amor con sus dientes y uñas
somos tierra sin pisadas
naciendo en el elixir de la calma.

Queriéndonos en la risa de multitudes solas
mientras la noche se acuesta
respirando cuerpos abrazados
a la orilla de las edades.

Como algas tristes en invierno
mirando serenas van las miradas,
suspiros,
perlas guindadas sobre claveles rojos.

Regando racimos de figuras tibias
encontrarnos solos en melodías de vino
pertenecemos a los pétalos de sombra,
copas, calor, parpadeos brillantes,
mundo de instantes, mas claveles y cometas,
resplandecemos sin nombres
en territorios de silencio.

WHISPERS THAT MOVE AWAY

Screaming deaf murmurs hearts go
away losing calm
speak softly when you love
and you're in love you slip between jungles,
dying will be the afternoon
if words break down.

Hidden hands vanish
when you strike harmony
the tenderness of deep blue
will die with the rising moon,
fruitful, fertile, motionless,
it breaks every sunrise

Watchful sidewalks
will wish for kisses that nobody loves
only the rose hides its innocence
with bewitching promises
swallowing absences

Masks with human skin
covering walls of daggers
paths with warm beats
emerge separated in the distance
burying voiceless roots
cut into dark promises,
deafened, covered by distances
sown by uncertain lips,
mouths, aromas, afternoons of ecstasy.,
a goodbye is gestated in the reclining mystery
suffering the silence of solitude.

SUSURROS QUE ALEJAN

Gritando murmullos sordos los corazones se van
se alejan perdiendo la calma
se habla suavemente cuando se ama
y se estas enamorado te deslizas entre selvas,
moribunda será la tarde
si se descomponen las palabras.

Ocultas se desvanecen las manos
cuando golpeas la armonía
la ternura del azul profundo
morirá con la luna naciente,
fecundo, fértil, inmovil,
se quiebra cada amanecer

Veredas vigilantes
desearan besos que nadie ama
solo la rosa disimula su inocencia
con promesas hechiceras
tragando ausencias

Máscaras con piel humana
encubriendo murallas de puñales
caminos con latidos cálidos
emergen separados en la distancia
enterrando raíces sin voz
cortadas en oscuras promesas,
ensordecidas, cubiertas por lejanias
sembradas por labios inciertos,
bocas, aromas, tardes de éxtasis.,
un adiós se gesta en el reclinado misterio
sufriendo el silencio de la soledad.

RESTLESS SEDUCTION

Morning of hopes
wet absence of illusion
heart moaning despair
exiled arms, crazy passion

Restless seduction, place in which I have lived
wrapped, you, in your mantle
moments that I have been silent,
prisoner in your distant lap
in this moment in which we
persecute the memories
folding mute handkerchiefs
between discrete afternoons that I don't know.

Nostalgia, captive words, wounds released
on the grass,
flirtatious anguish dance in the eyes.

It's soft to breathe with which I'm silent It's inventing you
lying in your light tiredness
I look at your voice portrayed in my eyes

Torches blaze on the surface,
smiles found around nothing
in your walk you look for me where I haven't gone,
flourishing walls that no sadness collapses.

INQUIETA SEDUCCIÓN

Callada mañana de esperanzas
ausencia mojada de ilusión
corazón gimiendo desesperanzas
brazos exiliados, loca pasión

Inquieta seducción, sitio en que he vivido
envuelta, tu, en tu manto
momentos que he callado,
prisionero en tu lejano regazo
en este instante en que nosotros
perseguimos los recuerdos
doblando pañuelos mudos
entre discretas tardes que no conozco.

La nostalgia, palabras cautivas, heridas liberadas
sobre la hierba,
coquetas angustias bailan en las miradas.

Esté blando respirar con que callo
te está inventando a ti
tendido en tu liviano cansancio
miro tu voz retratada en mis ojos

A flor de piel resplandecen antorchas,
sonrisas encontradas alrededor de la nada
en tu andar me buscas por donde no he ido,
muros florecientes que ninguna tristeza derrumba.

ENEMY OF TIME

I immerse myself
in the glory of your arms,
I lose myself in the infinite
aroma of your body,
savor the ecstasy,
passion hangs from my eyes
and deep is the warmth of your hands.!

Like an atom I impregnate myself with you,
I sweat in the emotion
of enduring embraced
like the rain in the streams,
surviving in your world,
with anonymous smiles,
in every gesture that incites me.

Dressed with promises kept
happy, we lived in the gondola
that flies in infinite freedom!

The afternoon appears,
the dawn emerges
overwhelms the hour
the night takes the hand of furious goodbye,
whips the clock,
time in love
kisses goodbye,
the air takes us by the hand,
the fire submerges,

invisible knives break
the ties of the charm,
mouths that cry,
crystalline loneliness that is born
in the heart of a fresh love.

Two bodies stained by goodbye,
I will live in the spring of waiting,
I will return in the celestial of your beauty
on clouds,
watering throbbing flowers.

MAGIA DESNUDA

Si supieras lo que mi corazón
inventa para apretar tus manos,
nunca te irias con la luna llena
a cualquier espacio.,
ni negarias lágrimas a tus ojos
mientras me fumo tu llanto.

Cielo sin límites,
reflejos que entran y salen
desde el terciopelo de tu imagen
como soplos que descansan.

Cisne de nieve,
ramo de sueños cabalgando
con aromas de ilusión,
magia desnuda que devora
huellas en mi mundo sin espejos.

Incansable, altiva, silenciosa,
empapas los molinos del horizonte,
alumbras mis llamas en torno a tus besos
nuestro eco sereno se sumerge
en el océano sin playas,
cantando palabras que buscan mi sirena,
sin llantos palpita mi espejismo
en el regazo que se baña
con rayos de luna.

IRREVERSIBLE HEART

My heart throws itself
from the night into lost oblivion
prisoner of the
spring dawns of each era
beating butterflies,
being born in sunsets
that speak lullabies, palpitating names,
on skins of darkened kisses,
voices, flames, absences,
simple tenderness fighting anguish.

Looking for what lives in him,
clinging to what he feels,
I am an arrow of places,
with lost hours.

Heart site of love,
silent, being born in each oasis
seeds that are reborn,
bells that will not return,
I have learned what you have learned,
I have looked at what you see,
We are a hammer that grows without anguish.

Bitterness, illusion, fairies that move,
in you I live aging nostalgia
lost around what you do,
fears, looks, abysses with fiery bottoms

My heart,
inexhaustible source of love,
simple, disturbing, traveling ground,
always looking for where I am not,
a loved place where I rest,
footsteps of wind,
you cannot return through rain,
irreversible afternoons with a desire to live.

IRREVERSIBLE CORAZÓN

Mi corazón se arroja
de la noche al perdido olvido
prisionero de los amaneceres
manantial de cada época
latiendo mariposas,
naciendo en ocasos
que hablan arrullos, palpitando nombres,
sobre pieles de besos oscurecidos,
voces, llamas, ausencias.,
ternura sencilla peleando angustias.

Buscando lo que vive en el,
aferrado a lo que siente
soy flecha de lugares,
con horas perdidas.

Corazón sitio de amor,
callado, naciendo en cada oasis
semillas que renacen,
campanas que no volverán,
he aprendido lo que has aprendido.,
he mirado lo que ves,
somos martillo que crece sin angustia.

Amarguras, ilusión, hadas que conmueven,
en ti vivo envejeciendo nostalgias
perdido alrededor de lo que haces,
miedos, miradas, abismos con fondos fogosos

Mi corazón,
inagotable fuente enamorada
sencillo, inquietante, suelo viajero,
siempre buscando donde no estoy
lugar amado donde descanso,
pisadas de viento,
no puedes volver atravesando lluvias,
irreversibles tardes con ganas de vivir.

CHAINED VOICES

When the always silent road
walked from balcony to balcony
and the incandescent night
fluttered roses, shadows, sheets,
nothing stopped love.

Murdering the words,
the silence bewitched the glances,
nothing stops me, nocturnal
over flames of carnations,
my mouth looks
for watercolor sanctuaries and draws them.

My mists and your dreams
were strangely born together,
rumors, smiles, tears,
ethereal we are like mists!

I look for you clumsily
just under your evaporated hands
and you are not there, missing like petals in summer,
not a silhouette, not a rain.,

Sitting in your gray gaze
without being able to speak to you,
still silent, awake to be the
voice of our world!

Sun water in the sweet echoes of your mouth
maybe we will see each other, an instant without time,
in a star off
from your space where you live,
we are melodious duplicates
in a place of your body.

We recognize the voices,
like the ink of our souls,
with cornered sounds
exist eternal in the
eternal lap that buries the distant hours,
gagged at dawn,
The twilights are born dressed in drunken songs.

VOCES ENCADENADAS

Cuando el camino siempre mudo
andaba de balcon en balcon
y la incandescente noche
revoloteaba rosas, sombras, sábanas.,
nada detenía el amor.

Asesinando las palabras
el silencio hechizaba las miradas
nada me detiene, nocturno
sobre llamas de claveles,
mi boca busca santuarios
de acuarela y los dibuja.

Mis nieblas y tus sueños
de manera extraña nacieron juntos,
rumores, sonrisas, lagrimas,
etéreos somos como brumas,!

Te busco torpemente
justo debajo de tus evaporadas manos
y no estas, faltas como pétalos en verano
ni una silueta, ni una lluvia.,

Sentado en tu gris mirada
sin poderte hablar,
aún callados despiertos a ser
voz de nuestro mundo!

Agua de sol en los dulces ecos de tu boca
tal vez nos vemos, un instante sin tiempo,
en una estrella apagada
desde tu espacio donde vives,
somos duplicados melodiosos
en un lugar de tu cuerpo.

Reconocemos las voces,
como tinta de nuestras almas,
con arrinconados sonidos
existimos eternos en el regazo
eterno que entierra las horas lejanas,
amordazados al amanecer,
los crepúsculos nacen vestidos con cantos embriagados.

SONNET

TODAY

Transparent dance over the hours
absent unknown slips
placid glances life softens
cheerfully in the void never delays

Treasure with beauties vanquished
ages with blue horizons
celestial spheres carrying trunks
cross sleepy mornings

Intimate repose brought by shadows
embracing waking days
with whispers smiling between carpets

Each life new bodies by my side
that moisten sleepy mornings
waiting with me without having arrived!

SONETO

HOY

Transparente danza sobre las horas
ausente desconocido se desliza
miradas placidas la vida suaviza
alegre en el vacío nunca demoras

Tesoro con hermosuras vencidas
edades con horizontes azules
esferas celestes llevando baúles
atraviesan mañanas dormidas

Reposo íntimo que traen las sombras
abrazando días de vigilia
con susurros sonriendo entre alfombras

Cada vida nuevos cuerpos a mi lado
que humedecen mañanas dormidas
esperando conmigo sin haber llegado !

SOUNDS OF MUD

Wandering anxious,
intoxicated by the mud of your hands,
I pursue sterile footprints,
modeling
sounds of abandonment with my fingers.

Pointless places, bitter,
shameless sighs that
escape tired through the tissues of your skin,
misfortunes, scattered places.

Magnetic umbrellas nurse cries.

Abducted we ascend
restless darkness we explore evicted words
undermined by virgin moments,
resurrect trusting in the firmament
of incandescent mouths,
free accomplices of our love.

Elastic sounds conspire,
we vibrate propagated, autonomous,
perfect, fainting over the seduction
of hungry hands,
like zombies sucking souls!

We glow with adrenaline,
spirits in love,
swimming in purple destinies
sounding footsteps that came
from our hearts!

SONIDOS DE BARRO

Vagando ansioso,
intoxicado por el barro de tus manos
persigo huellas estériles,
modelando con mis dedos
sonidos de abandono.

Lugares sin sentido, amargos,
descarados suspiros que
escapan cansados por los tejidos de tu piel,
infortunios, lugares diseminados.

Las sombrillas magnéticas amamantan llantos.

Abducidos ascendemos oscuridades
inquietos exploramos desahuciadas palabras
minadas por momentos virgenes,
resucitamos confiando en el firmamento
de bocas incandescentes,
complices libres de nuestro amor.

Sonidos elásticos conspiran,
vibramos propagados, autônomos,
perfectos, desmayados sobre la seducción
de manos hambrientas,
como zombies aspirando almas!

Resplandecemos con la adrenalina,
enamorados espíritus.,
nadando en purpuros destinos
sonando pisadas que salieron
de nuestros corazones.!

ALL MY SPACE

Go or stay infinity thinks
wandering with stories of the soul,
the night moves,
shelters my life, in its quiet swing.

Brief visible space,
everything close, everything far away,
my time, the world, the laughter,
rest in the shadow of emotions.

Beating of my body, which rests in the sea
screams of the wind, indifferent echoes,
reflections of the place where I live
in the center of my memories I remember
you, you do not listen to me, I hear you inside,
the moment moves,
I neither stay nor go.

Passion resonates,
in the brief space where I live
I pause in your gaze
my universe rests
on the light of your paths.

TODO MI ESPACIO

Encaminarse o permanecer el infinito piensa
deambulando con historias del alma,
la noche se mueve,
alberga mi vida, en su tranquilo vaivén.

Breve espacio visible,
todo cerca, todo lejos.,
mi tiempo, el mundo, las risas,
descansan a la sombra de las emociones.

Latir de mi cuerpo, que en la mar reposa
gritos del viento, ecos indiferentes,
reflejos del lugar donde habito
en el centro de mis memorias te recuerdo
no me escuchas, te escucho por dentro,
el instante se mueve,
ni me quedo ni me voy.

Resuena la pasión,
en el breve espacio donde vivo
hago una pausa en tus miradas
mi universo descansa
sobre la luz de tus caminos.

WATER NECKLACES

My days spilled over your body
and afternoons embraced,
breaths shouting your name
in the water of your hair
a piece of porcelain, necklaces that dawn
like the dawn that touches your face
bridges that sink into your chest
destroying dead promises
dreadful hands escape
like twilight falling on the sand.

Summarized,
moved glances flee
between each heart,
gypsy necklaces, rings of snow,
riders finding ashes
among the decay of fire
heartbeats that escape me
exquisite fans dying
and being born, furious instants vibrate
bitter fatigue, inclement throbbing
rises among the phoenixes
different shapes hungry
looking at my floor,
trembling pearls arriving
between joys and anguish,
distracted necklaces, wandering,

appearing among my ruins
combatant I get up
stripped of the water of your kisses
expelled blows of ghosts
awake by your side,
sweaty, smiling,
resplendent in the ecstasy of martyrdom

COLLARES DE AGUA

Mis días derramados sobre tu cuerpo
y tardes abrazadas.,
soplos gritando tu nombre
en el agua de tus cabellos
un trozo de porcelana, collares que amanecen
como la aurora que toca tu rostro
puentes que se hunden en tu pecho
arrasando las promesas muertas
pavorosas manos escapan
como crepúsculos que caen sobre la arena.

Miradas resumidas,
conmovidas huyen
entre cada corazón,
collares gitanos, anillos de nieve,
jinetes encontrando cenizas
entre la decadencia del fuego
latidos que se me escapan
exquisitos abanicos muriendo
y naciendo, vibran instantes furiosos
amarga fatiga, palpitar inclemente
se levanta entre los fénix
diferentes formas hambrientas
mirando mi suelo.,
temblorosas perlas llegando
entre gozos y angustias,
collares distraídos, errantes,

apareciendo entre mis ruinas
combatiente me levanto
despojado del agua de tus besos
expulsó golpes de fantasmas
despierto a tu lado,
sudoroso, sonriente,
refulgente en el éxtasis del martirio

THE LONELINESS OF LOVE

Perhaps we passed like flocks,
herds of thoughts
moving away from their origin
and their twilight,
we are species germinating with each goodbye,
stunned, excessive, we touch
and stop life.

In front of my memory I saw you
asking perturbed words
like hunting kingdoms
among empty houses, perhaps consumed,
throbbing, remote as lukewarm symphonies.

I pursue your soul among forgotten lullabies
, I fight deep among victorious darkness,
forging your existence like mountains without land,
my thirst for love wrapped in pale,
deadly, deserted, hungry sounds that wake up loving.

Indomitable solitude, you ride without fear
with a taste of distance,
unfairly chained faces, resurrecting between long days
and invisible reflections, arise from the depths of my body,
surrounding memories consumed in the rock of my spirit.

Lugubre awakens anguish, detained in your chest
understanding the sterile agony of not having you by my side

The drunken arrogance of the distance, goes
crazy like a kite aimlessly, born
in the emerald of your seas.

LA SOLEDAD DEL AMOR

Tal vez pasamos como bandadas,
manadas de pensamientos
alejándose de su origen
y sus crepúsculos,
somos especies germinando con cada adiós
aturdidos, desmedidos, vamos tocando
y deteniendo la vida.

Frente a mi memoria te vi
preguntando perturbadas palabras
como cazando reinos
entre casas vacías, quizás consumidos,
palpitando, remotos como sinfonías tibias.

Persigo tu alma entre arrullos olvidados
combato profundo entre tinieblas vencedoras,
forjando tu existencia como montañas sin tierra.,
mi sed de amar envuelta entre sonidos palidos,
mortales, desiertos, hambrientos que despiertan amando.

Indomable soledad, cabalgas sin miedo
con sabor a lejanía,
injustamente rostros encadenados, resucitando entre largos días
y reflejos invisibles, surgen desde lo profundo de mi cuerpo,
rodeando recuerdos consumidos en la roca de mi espíritu.

Lugubre despierta la angustia, detenida en tu pecho
entendiendo la esteril agonia de no tenerte a mi lado

La ebria sobervia de la distancia,
enloquece como cometa sin rumbo, naciendo
en la esmeralda de tus mares.

FEELINGS RELEASED

And when turned into
absences, shaken with verses of
premature sadness, eyes evoked unrestrained
voices devouring cold desires,
dead in the fast of sorrows

Crying in my shadow
dressed in fears,
the distance of her heart is heard,
covering your face with rosy fears,
and alone sobbing with
silent love, the breath embraces your essence

Tiredness imprisoned in the carpet
of our fires,
dark thoughts are released,
latent lovers reclining,
embedded gardens trembling
in liberated laughter.

You always search, we look for each other everywhere
crossing pillows sighs,
steps, tied desires
without starting again.,
everything revolves around me
in the bottle of your name

and the Intermittent dawn looks,
we melt into each rhythm of your hands
burying tremors on blind seeds.,
feelings spilled
in the eternal of your name, we desire everything, we
fall in love with the promises of innocence,
of your dry skin, of your footprints,
your spring in the window of yourself
looking at the water birds singing,
while the emptiness of the air that lends you dies

We forge chains that release prisons,
unbearable bewitched souls,
gray tears returning free,
endless, happy, firm and rebellious
with the torn urgency in the deaf,
incessant, sweet streets we live in our flesh.

SENTIMIENTOS LIBERADOS

Y cuando convertidos en
ausencias, sacudidos con versos de tristeza
prematuros ojos evocaron desenfrenadas
voces devorando fríos deseos,
muertos en el ayuno de las penas

Llorando en mi sombra
vestida de temores
se escucha la lejanía de su corazón.,
cubriendo tu cara con rosados miedos,
y sola sollozando de amor
callado, el aliento abraza tu esencia

Cansancio preso en la alfombra
de nuestros incendios,
oscuros pensamientos se liberan,
latentes amantes recostados,
jardines incrustados temblando
en carcajadas liberadas.

Siempre buscas, nos buscamos en todas partes
cruzando suspiros
almohadas, pasos, deseos
amarrados sin empezar de nuevo.,
todo gira en torno a mi
en el frasco de tu nombre
y las miradas del amanecer

Intermitentes, nos fundimos en cada ritmo de tus manos
sepultando temblores sobre semillas ciegas.,
sentimientos derramados
en lo eterno de tu nombre, todo lo deseamos,
enamoramos las promesas de la inocencia,
de tu seca piel, de tus huellas,
tu primavera en la ventana de ti misma
mirando los pájaros de agua cantando,
mientras muere el vacío del aire que te preste

Forjamos cadenas que liberan prisiones,
insoportables almas hechizadas,
lágrimas grises regresando libres,
interminables, dichosas, firmes y rebeldes
con la urgencia desgarrada en las calles sordas,
incesantes, dulces vivimos en nuestra carne.

I WILL LOVE YOU WITHOUT MEMORIES

Our words that do not sleep between dreams
are a destiny of oblivion with lost memories,
prophecies beyond what we have lived,
everything is ignored in the balance
of our blood vanished, broken,
dying in the eternal waves of abandonment.,
blind sounds, shores, passing bodies.

The beats of my neurons breathe,
particles found in my memories
constellations flicker in the minuscule
of us, silent as statues
with sleeping hearts,
dead ends,
in our oblivion we need each other,
joys, sorrows,
absolutes in the wake of caresses,
I you left without memories,
finding walls dying
in the rainbow of the moon.

When I place my cheeks in the
endless memories I cry on the beaches of another world,
I feed my mirrors
in the claws of the nights,
thoughts stretched out in dawns
of time shine without measure.

Love face to face
like bare roots, without trees,
without dawns, without lightning,
but with the fullness of two hands
extended on the borders of a thousand kisses
fighting the horizon of oblivion
like a sunset
in the clear summer of the forest
where they are born all fires, leaves,
half days, diamonds, eternal life.!

TE AMARÉ SIN RECUERDOS

Nuestras palabras que entre sueños no duermen
son destino de olvido con recuerdos perdidos,
profecias mas alla de lo vivido
todo se ignora en la balanza
de nuestra sangre esfumado, roto,
agonizo en las olas eternas del abandono.,
sonidos ciegos, orillas, cuerpos que pasan.

Respiran los latidos de mis neuronas,
partículas encontradas en mis memorias
constelaciones parpadean en lo minúsculo
de nosotros, callados como estatuas
con corazones adormecidos,
puertas sin salida,
en nuestro olvido nos necesitamos,
alegrías, pesares.,
absolutos en la estela de caricias,
me dejaste sin recuerdos,
encontrando muros muriendo
en el arco iris de la luna.

Cuando coloco mis mejillas en los recuerdos
interminable lloro en las playas de otro mundo,
alimento mis espejos
en las garras de las noches.,
brillan pensamientos tendidos en auroras
de tiempo sin medida.

Amar frente a frente
como raíces desnudas, sin árboles,
sin albas, sin relámpagos.,
pero con la plenitud de dos manos
extendidas en las fronteras de mil besos
combatiendo el horizonte del olvido
como una puesta de sol
en el claro verano del bosque
donde nacen todos los fuegos, hojas,
medios días, diamantes, vida eterna.!

UNSTOPPABLE SIGHS WE

wake up between walls drowned by time
and I look for you between the useless noise of my waiting
and I am left alone feeling your side,
arrogantly alone
surrounded by the inconstant patience
of every day,
asking?, where are the beats
that ruin each awakening
embedded in each afternoon of the night
I discover that you are not with me
and the sighs hide in the darkness
of your name between figures of wind
and naked swans.

Other reflections
discover that you are spilled
between smiles and flashes
of agony waiting for me,
hated, loved, happy, sad,
but with a heart without chest
overflowing, remote
and with the mercy of your sighs
in my freedom to love.

Petty refuge remembering
wounds without condemnation,
patience that repeats abolished thoughts,
indomitable, constant
in the unstoppable food of your voice,

immersed, impenetrable, we spread traces
between gaps clinging to our faces.

We resuscitate gagged words,
I try to write without your company looking at me,
nameless skins sighing skies,
invisible, with each verse
my cheeks are broken
are the fragile hours the misfortune
of what you think, when lost,
calm murmurs, dressed in shadows,
sorrows, mists of ashes
breathing traces,
the afternoon plays with the hair
of souls that sigh pensive stars!

INDETENIBLES SUSPIROS

Despertamos entre paredes ahogadas por el tiempo
y te busco entre el ruido inutil de mi espera
y me quedo solo sintiendo tu costado,
arrogantemente solo
rodeado con la paciencia inconstante
de todos los días.,
preguntando?, dónde están los latidos
que arruinan cada despertar

Incansable, incrustado
en cada tarde de la noche
descubro que no estas conmigo
y los suspiros se esconden en la oscuridad
de tu nombre entre figuras de viento
y cisnes desnudos.

Ajenos reflejos
descubren que estas derramada
entre sonrisas y destellos
de agonía que esperan por mi,
odiado, amado, alegre, triste,
pero con un corazón sin pecho
rebosado, remoto
y con la piedad de tus suspiros en mi libertad
de amar.

Refugio mezquino recordando
heridas sin condena.,
paciencia que repite pensamientos
abolidos, indomables, constantes
en el alimento indetenible de tu voz,

inmersos, impenetrables, esparcimos rastros
entre lagunas aferradas a nuestros rostros.

Resucitamos palabras amordazadas,
trato de escribir sin que tu compañía me mire.,
pieles sin nombre suspirando cielos,
invisibles, con cada verso
se rompen mis mejillas
son las horas frágiles la desdicha
de lo que piensas, cuando perdido,
murmura la calma, vestida de sombra,
pesares, neblinas de cenizas
respirando huellas,
la tarde juega con la cabellera
de las almas que suspiran estrellas pensativas!

BECAUSE I LOVE YOU ?

Furrowing insomnia without lights,
silent my heart is never still I love
you for the echo of your arms,
for the nostalgia of your kisses, for the future of my madness,
in my days of sweetness stealing
distances to continue loving.

Blood and breath form words,
poems, forests, frightened jungles where
motifs live, brief glances at the universe
with rain sleepless nights of my thoughts

I wander in the warmth of your body,
indifferent, perpetual, tattooed like the blade
loving you with constant passion,
kneeling in the daily life of your lips,
I fall asleep in the scar on your belly
in the moist transparency of your purposes.

I love you because you are my channel, my sea,
tears that collapse the thorns that I am,
you say nothing, I feel you in me,
fugitives we wander like broken

Booksin my dreams, in my time, desires,
flashes waiting for perfumed horizons, I love you because
you gave me the reflection that set fire to the burning thirst
in each of my moments.

I love you because you are with me!

PORQUE TE QUIERO ?

Surcando insomnios sin luces,
silencioso nunca está quieto mi corazón
te quiero por el eco de tus brazos,
por la nostalgia de tus besos, por el devenir de mi locura.,
en mis días de dulzura robando
distancias para seguir queriendo.

La sangre y aliento forman palabras,
poemas, bosques, selvas asustadas donde
viven motivos, miradas breves en el universo
que descienden y cubren de lluvia las desveladas
noches de mis pensamientos!

Vago en la calidez de tu cuerpo,
indiferente, perpetuo, tatuado como la brizna
queriéndote con la pasión constante.,
arrodillado en lo cotidiano de tus labios,
me quedo dormido en la cicatriz de tu vientre
en la transparencia húmeda de tus propósitos.

Te quiero porque eres mi cauce, mi mar,
lágrimas que derrumban las espinas que soy
nada dices, te siento en mi, prófugos vagamos como libros rotos.,
esfumados te amare en tus miradas
entregado al reposo de tus sonrisas,
a mi lado te extraño en mis sueños, en mi tiempo, deseos,
destellos esperando horizontes perfumados., te quiero porque
me diste el reflejo que incendió la sed ardiente
en cada uno de mis instantes.

¡Te quiero porque estás conmigo!

Recorriendo los tiempos un amigo prevalece sobre el destino que agobia la fortaleza de un abrazo.

Para:
Un amigo que vive sonriendo en las reflexiones de los días

Eret
26-03-2023

Inglaterra